L'HÉRÉDITÉ

DE LA PAIRIE,

JUSTIFIÉE

PAR L'ÉTAT CONSTITUTIONNEL,

INDUSTRIEL ET PROGRESSIF

DE LA FRANCE.

« Malheur à la France, si cédant au puritanisme de M. de C., aux utopies des niveleurs ou aux détonnations de certains journaux, elle tombe dans le marasme de la perfectibilité ! »

PAR L'ANCIEN JURISCONSULTE,

Auteur d'autres Brochures écrites dans le même sens.

PRIX : 1 F.

Se trouve à Paris,

CHEZ VAVASSEUR,

LIBRAIRE AU PALAIS-ROYAL.

1831.

L'HÉRÉDITÉ DE LA PAIRIE,

JUSTIFIÉE

PAR L'ÉTAT CONSTITUTIONNEL,

INDUSTRIEL ET PROGRESSIF

DE LA FRANCE.

La question vitale de la Pairie commence à s'éclaircir, d'après la proposition de loi du ministère, et le rapport de la commission de la Chambre élective.

On s'y est mis d'accord sur plusieurs des difficultés *préjudicielles* qui embarrassaient la discussion, et qui menaçaient même de laisser sans solution possible, le grand problème à résoudre.

Ainsi il est convenu que la réserve, écrite en l'article 68 de la Charte modifiée de 1830, d'un nouvel examen de l'article 23, concernant la Pairie, peut et doit être tranchée par le pouvoir représentatif, et que ce pouvoir doit être exercé par les deux Chambres.

Il est convenu que la session de 1831, de même

qu'elle a toute compétence, a aussi toute liberté de vote, pour prononcer sur l'hérédité, affirmativement ou négativement.

On est d'accord qu'il faut remplir toutes les conditions du gouvernement représentatif que la France s'est donné.

D'accord sur la division des pouvoirs et sur l'attribution à la Chambre des Pairs, comme intermédiaire, du pouvoir modérateur des deux autres ;

D'accord, enfin, sur la condition que, pour remplir sa haute mission, la Chambre des Pairs ait une force morale suffisante.

Déjà ces concessions, telles qu'on se les est faites, laissent bien loin derrière elles, et la polémique des journaux, et les théories dangereuses de certains publicistes.

Mais le ministère et la majorité de la commission ont reculé devant la conséquence forcée de leurs prémisses ; le ministère, contre sa conviction intime que l'hérédité était le seul moyen de puissance ; la majorité de la commission, dans la pensée que la *Pairie viagère* atteindrait le but.

L'un et l'autre, il faut le dire, ont cédé à des préventions qu'ils ont prises pour *l'opinion publique* de la France ; ils ont cru que l'amour de l'égalité des droits allait, chez le peuple, jusqu'à la répugnance contre toute espèce de supériorité sociale, jusqu'à la haine de tout privilége, fût-il

(3)

nécessaire au salut de ses libertés, et grandement
utile à ses intérêts.

Ou plutôt, leur prudence a été alarmée par l'esprit d'opposition à l'hérédité, que certains colléges
électoraux ont manifesté, et par les prétendus
engagemens que les élus actuels auraient contractés.

Quoi qu'il en puisse être des causes de leur réso-
lution en faveur de la Pairie *viagère*, elle présente,
dans ses élémens, une telle anomalie, que l'on
éprouve le besoin de la combattre, et par leurs
propres doctrines, et par des considérations qu'ils
n'ont point saisies.

Le conflit est grave.

Ici, c'est du sort de la société entière qu'il s'agit,
puisque le pouvoir à organiser est le pouvoir *conservateur !*

Ce sont les dispositions du pacte qui la constitue,
qu'il s'agit de mettre en harmonie : ce sont les des-
tinées d'un grand peuple qu'il faut mettre à l'abri
d'une inconséquence politique.

Telle a été jusqu'ici la chaleur des controverses,
tel a été le prestige produit par les talens divers
qui s'y sont exercés, telles sont encore les antipathies de quelques théoriciens, les exigences des
novateurs, les irrésolutions de plusieurs, que l'on
ne saurait apporter trop de scrupule à la recherche
des guides les plus sûrs, dans une carrière aussi

vaste qu'épineuse, ni trop de maturité dans le choix des solutions à adopter.

Telle est d'ailleurs la tenacité des partis conjurés contre l'hérédité de la Pairie, qu'il n'y a rien à espérer d'eux en concession, même sur les bases posées par les premiers organes de la législation.

Quoique l'œuvre à consommer en 1831 se réduise à une simple option entre la Pairie *héréditaire* et la Pairie *viagère*, ou au maintien de toutes deux, toute la matière constitutionnelle est par eux remise en fusion.

Rien de ce qui a été fait en août 1830 n'aurait été légal.

Avant d'aller plus loin, le vrai pouvoir constituant devrait être consulté, *dans les assemblées primaires*, sur toutes les constitutions *faites et à faire*, ou à compléter.

En tous cas, la Chambre des Pairs, comme partie intéressée, ne pourrait connaître de la question soumise.

La Chambre élective aurait seule quelque compétence.

L'hérédité de la Pairie serait une *monstruosité de privilége*,

Incompatible avec *l'égalité des droits* et les lumières du siècle ;

Incompatible aussi avec les mœurs et l'état de la société en France....

Voilà de bien larges prétentions.

Quel en serait le dénouement ?

Sans doute, le salut des libertés publiques : sans doute, le plus grand bonheur du peuple,

Car à quel propos, sans espoir d'un résultat positif, sans certitude d'un meilleur avenir, irait-on ébranler le corps social jusque dans ses fondemens ?

Vérifions donc si ce qui s'est fait en août 1830, n'est pas ce qui convenait le mieux à la France : si la convocation des assemblées primaires serait propre à y ajouter quelque amélioration : si la *session* de 1831 n'est pas l'autorité légalement saisie de la question de l'hérédité : si son vote à cet égard n'est pas parfaitement libre : si le maintien de ce principe de l'hérédité n'est pas commandé par les autres dispositions de la Charte modifiée, et surtout par l'intérêt sainement entendu de la France agricole, industrielle et commerciale.

Essayons, sur chacune de ces investigations, de présenter quelques points de vue qui nous semblent essentiels.

§. Ier. *Sur la légalité de la Charte modifiée d'août 1830.*

La commission a tout dit pour le droit, en invoquant la loi suprême de la nécessité, *salus populi suprema lex.*

En justification de ce droit , viennent les antécédens et la position donnée , lors des journées de juillet.

Et d'abord , les *antécédens !*

Qu'ont fait les législateurs d'août 1830 ?

Ils ont proclamé que la forme du Gouvernement de la France était celle du *Gouvernement représentatif* et monarchique.

Ce n'est pas là une *disposition* nouvelle , mais la simple *déclaration* d'un fait préexistant , du mode adopté depuis 40 ans , pour la séparation de la puissance législative et de la puissance exécutive.

Les plus beaux génies dont la France s'honore , avaient conçu et exécuté cette séparation , dès le *14 septembre* 1791 ; ils avaient employé deux ans et trois mois à fonder ce systême.

La Convention nationale , après avoir confondu tous les pouvoirs , s'était vue contrainte , en l'an 3 , d'en revenir à une espèce de gouvernement représentatif , en concentrant la puissance législative dans le Conseil des Anciens et dans le Conseil des Cinq-Cents ; et en attribuant la puissance exécutive au Directoire.

Sous le consulat , cette même forme avait été reproduite en frimaire de l'an 8 , dans le Sénat , le Tribunat et le Corps législatif.

L'Empire lui-même , en floréal an 12 , en avait conservé du moins le simulacre.

Ce qui est plus remarquable, le 6 avril 1814, sous le coup de l'invasion étrangère, le Sénat conservateur avait relevé le Gouvernement représentatif, en décrétant que *le Roi, le Sénat et le Corps législatif concouraient à la formation des lois.*

Louis XVIII, dans sa Charte *octroyée*, du 4 juin 1814, en avait confirmé le principe, en substituant la Chambre des Pairs au Sénat.

Donc, en août 1830, les Chambres n'ont rien INNOVÉ, en déclarant que le Gouvernement de la France était *représentatif* et *monarchique*.

Ils n'ont pas eu besoin, pour le déclarer ainsi, de consulter la nation : elle avait manifesté sa volonté à ce sujet, dès 1791 : son vote était émis depuis quarante ans ; il ne s'agissait en 1830, que de ressaisir, en son nom, cet acte de souveraineté : elle a seulement été relevée des usurpations qui en avaient été faites.

Venons à *la position donnée !*

Qui pourrait disconvenir que, de toutes les causes de légalité, la plus déterminante ne soit l'état moral et matériel du pays qu'on organise.

Il n'y a pas à remonter ici à l'origine des sociétés humaines, ni à se régler sur les diverses natures de Gouvernement qu'elles ont pu se donner, soit dans l'antiquité, soit dans le moyen âge.

L'antiquité avait trouvé le secret de faire exister ensemble même de grandes populations, sous le

régime combiné de la liberté des uns et de l'escla-
vage du plus grand nombre. Tels furent les Gouvernemens et d'Athènes et de Rome, sous le titre
de *République*.

Le moyen âge, avec la monarchie, a eu ses vas-
saux et ses serfs : c'est encore la condition de la
plupart des peuples de l'Europe.

La Révolution de 1789, en fondant la liberté en
France, y a rendu tous les services *volontaires*, et
le travail, qui est une nécessité pour le plus grand
nombre des individus, purement *facultatif*. La
liberté, ombrageuse à son apparition, a détruit
aveuglément les supériorités sociales d'alors, la
noblesse surtout, et jusqu'à ses distinctions nomi-
nales.

Fort heureusement le siècle de Louis XIV, par
sa magnificence, ses lumières, ses arts, sa marine,
les établissemens de Colbert, les colonisations, avait
créé, pour la société française, un nouvel ordre de
ces supériorités sociales, de nouvelles classes de
maîtres et de subalternes, de fabricans et d'ou-
vriers, de marchands et de commis. Le luxe, largement introduit dans toutes ces classes, avait
multiplié pour elles et pour l'Europe devenue
notre tributaire, les instrumens et les moyens de
fabrication.

Là, se trouvaient autant de germes d'aristocratie
nouvelle et de démocratie mélangées, et évidem-

ment autant de causes déterminantes de l'institution du Gouvernement monarchique représentatif. La Convention elle-même, en s'en rapprochant, avait obéi à ces nécessités de la population : le génie de Buonaparte les avait senties, en recréant la noblesse et accumulant les unes sur les autres les dignités de l'Empire. Peut-être est-ce là le titre le plus réel, quoique le moins avoué, du tribut payé à sa mémoire.

Louis XVIII, n'en doutons pas, a eu le même discernement des besoins de la société moderne ; il a voulu les satisfaire même plus amplement, lorsque, sur la proposition du Sénat conservateur, il a rétabli la noblesse tant ancienne que nouvelle, et que de son chef, il a reconstitué autant que faire se pouvait, d'ancienne Pairie de France dont les illustrations avaient survécu à la suppression des États-généraux et sous les parlemens avec tant de dignité ; *les Pairs y séant ! !*

Lors des journées de Juillet, tout le mouvement industriel, imprimé par ces institutions, était rétrograde. Les jalousies de cour déchaînées contre l'industrie, la fausse direction donnée aux idées religieuses, étaient venues tout entraver.

Dans cette *position donnée*, qu'ont pu faire les législateurs de 1830, sinon maintenir, dans toute sa pureté, cette forme de Gouvernement représentatif monarchique, avec sa hiérarchie, *ses nota-*

bilités légales, ses principes de subordination, d'activité, d'émulation, ses voies et moyens d'ambitions légitimes fondées sur le travail et la capacité?

N'avons-nous pas *en plus*, pour tenir fortement à ces classifications, ces fractions immenses de population éclairée, qui ont pullulé par le luxe et qui ne vivent que par lui, depuis 1789, avec la liberté?

N'avons-nous pas *en moins* la force de leur commander autrement que par leur intérêt?

N'avons-nous pas *en moins* nos colonies?

Et les énormes *taxes des pauvres* qu'acquitte l'Angleterre?

Concevez le niveau des rangs avec nos nécessités; avec nos habitudes somptueuses ou commodes, avec nos mœurs, nos goûts, nos spectacles, nos monumens, l'affluence de l'Europe chez nous, notre histoire, notre dignité nationale!

Voyez si l'égalité *des droits* peut être l'égalité *des conditions!*

Voyez si l'intérêt du peuple n'est pas qu'il y ait des grands qui soutiennent la faiblesse des petits, des riches dont les capitaux alimentent les classes pauvres et ouvrières!!

Tout bien vérifié, la conclusion sera qu'il n'y avait rien de mieux à faire en août 1830, que ce qui été fait pour le maintien de la monarchie constitutionelle, avec ses notabilités légales, dans l'intérêt de l'industrie.

§. II. *Sur la convocation réclamée des Assemblées primaires.*

A quel propos hasarde-t-on une proposition aussi extraordinaire, aussi visiblement rétroactive et contraire *aux précédens*, observés depuis le 14 septembre 1791 , époque de la déclaration de la souveraineté du peuple et de la fondation immédiate du Gouvernement *représentatif monarchique?*

C'est à propos de la simple *organisation* de la Pairie, à propos d'une *modification* désirée, non pas dans les attributions, mais dans le titre d'érection de ce troisième pouvoir. Car il reste accordé que le nouvel examen, réservé par l'article 68 de la Charte rectifiée, ne porte que sur son article 23; que ce nouvel examen ne doit toucher en rien aux huit autres articles concernant la Pairie; notamment à l'article 20 qui porte :

« *La Chambre des Pairs est une portion essentielle de la puissance législative.* »

On ne veut pas de l'hérédité de la Pairie; voilà singulièrement pourquoi on en appelle au pouvoir constituant, dans les assemblées primaires.

Le prétexte, pour une semblable convocation, est-il bien choisi?

On ne saurait l'admettre.

Que la pairie soit héréditaire ou qu'elle soit viagère, elle n'en subsistera pas moins comme portion essentielle de la puissance législative.

Aucun des rouages du gouvernement représentatif n'en sera dérangé.

Sous ce point de vue, la mesure de convocation est inutile : l'option à faire entre l'un ou l'autre titre d'érection, ou pour le maintien des deux titres combinés, n'excède pas les pouvoirs conférés à la session législative de 1831.

On motive, il est vrai, simultanément la mesure, sur ce qu'il importe de soumettre à la *sanction du peuple* tout ce qui s'est fait en août 1830.

Mais on oublie, quand on stipule ainsi en son nom, que dans les journées de juillet, c'est *pour la Charte de 1814* et *contre* ses profanateurs qu'il a combattu.

On oublie les témoignages non équivoques qu'il a donnés depuis de son approbation, et en dehors et dans le sein des colléges électoraux.

On oublie qu'il y a quarante ans qu'il s'est prononcé, pour la forme du gouvernement *monarchique et représentatif;*

On oublie que le pacte social de 1830, pour lequel on réclame une sanction, loin d'avoir rien retranché aux libertés publiques, dans ce qu'il a de définitif, y a au contraire notablement ajouté : et l'on méconnaît le principe qui rend toute ratification superflue, alors que, par le fait du mandataire, la condition du mandant est devenue meilleure.

Dans la réalité, ce n'est pas pour l'intérêt du peuple que les contradicteurs s'agitent; ils ne signalent aucune disposition substantielle qui l'ait compromis. Toute leur insistance porte sur un autre intérêt (bien touchant sans doute puisqu'il est celui de l'enfance irréprochable et inoffensive), mais qui est inaperçu dans la balance de notre politique intérieure.

Sans nier la faveur qui l'environne, la raison d'état ne force-t-elle pas de reconnaître ici que la fatale loi de la nécessité a encore prononcé; qu'une crise sans exemple a commandé la subite renovation du pacte social, entre *toutes parties capables* de le sceller à l'instant même, par l'indissolubilité de leurs consentemens respectifs; que la minorité de l'appelé au trône a fait défaillir la vocation et a contraint de confier, à un autre membre de la famille, le dépôt sacré des libertés publiques : (et toujours dans le même cercle de la conservation de l'ordre social) que l'Europe entière, intéressée à l'événement, a accepté la transition.

Des raisonneurs, plus tranchans en politique, invoqueraient à l'appui de l'investiture royale qui a prévalu, deux derniers argumens qui, dans une défense pour le salut commun, ne seraient pas sans force.

Ils diraient que, dans cette constitution même de 1791, où la société française se retrempa, la royauté survécut à la révolution, sous une clause dont le texte large a pu être appliqué aux extrêmes incidens de juillet; à celui spécial de l'abdication des deux princes de la branche aînée. Car elle énonce sans restriction :

« *Rien n'est préjugé sur l'effet des renonciations* » *dans la race actuellement* RÉGNANTE. »

Ils iraient jusqu'à mettre en ligne de compte cette autre particularité (dont d'autres feraient peu de cas, parce qu'elle ne fut pas l'acte de *tous* les représentans de la nation), que le Sénat conservateur, par le sénatus-consulte du 6 avril 1814, avait décrété : « Le peuple français appelle librement » au trône de France, Louis-Stanislas-Xavier de » France. » Et ils en induisaient que la royauté, comme pouvoir constitutionnel, était donc soumise à des conditions d'existence, dont l'infraction pouvait faire décheoir la branche aînée toute entière.

Dans le rassemblement des débris amoncelés par une révolution, de pareilles pièces de rapport peuvent reprendre place et se rattacher, comme des conséquences, à la souveraineté du peuple.

Ainsi, d'après les précédens, et dans la position donnée, nuls motifs de réunir les assemblées primaires.

Dans les gouvernemens représentatifs, une fois qu'ils sont constitués, ces sortes de réunion seraient inconséquentes , en ce que la volonté nationale, pour la formation des lois , est exprimée par l'organe des électeurs , puis par celui des représentans élus ; en ce que cette expression doit être réputée légale , tant qu'il n'est rien changé à la forme du gouvernement, et que la division des pouvoirs est respectée.

Est-ce le changement de la personne , qui doit commander au nom de la loi, que l'on considère comme nécessitant *seul* l'acceptation de *tous* ceux qui doivent obéir ? En ce cas, le vœu des dissidens ne pourrait pas être rempli par les *assemblées primaires*, telles qu'elles ont été instituées en 1791. Ce serait à l'appel nominal de tous les Français qu'il faudrait recourir ; la convocation des seuls *contribuables* recelerait un fond d'aristocratie ; elle condamnerait une foule de nationaux à l'obéissance *passive*, à la condition des esclaves.

Donc, sous tous les points de vue , la proposition des assemblées primaires doit être écartée.

§. III. *Sur la compétence de la* SESSION *de* 1831.

Il y a peu de chose à ajouter aux motifs de la commission, qui appellent la Chambre des Pairs à connaître elle-même de la question d'hérédité, et à y statuer.

Tout le droit, sur la compétence , est nettement établi par la locution littérale de l'art. 68 de la Charte modifiée.

« L'article 23 sera soumis à un nouvel examen,
» *dans* la session de 1831. » Ce texte ne comporte
pas de commentaire.

La *session* du Corps législatif ne peut s'entendre
que de la réunion des deux Chambres.

La Chambre des Pairs est une portion essentielle
de la puissance législative.

Le nouvel examen à faire est une loi à porter.

Tous les pouvoirs nécessaires pour la confection
des lois doivent donc y concourir.

Dans le concours de la Chambre des Pairs, les
dissidens voyent un tribunal qui prononcerait dans
sa propre cause, et qui ne s'occuperait nullement
de la cause *nationale* ; ils supposent que le corps
entier de la Pairie traiterait la matière politique
comme une matière judiciaire, et qu'il déciderait
d'une organisation d'ordre supérieur, comme d'un
procès mu sur des intérêts privés. Ils décomposent
cette *magistrature politique*, pour prêter à ses
membres isolés, des préventions, de la partialité.
La récusation dirigée contre les individus enveloppe
sans hésiter toute la Chambre. Dans ce mode d'ex-
clusion, ils confondent ceux des Pairs qui ne sont
nommés qu'à vie, ceux aussi qui n'ont point d'enfans
mâles, les célibataires, les ecclésiastiques, etc.

C'est trop d'intolérance, sous un régime de
liberté légale, vis-à-vis de dépositaires de la
puissance législative, dont les pouvoirs sont déter-

minés , et que la loi faite appelle virtuellement à les exercer.

§. IV. *Sur la liberté du vote de la Chambre élective.*

Il est à regretter que , dans ses prévoyances sur la discussion , la Commission n'ait pas fait entrer l'objection tirée des engagemens que plusieurs des Dép utés peuvent avoir contractés , vis-à-vis des colléges électoraux , de voter contre l'hérédité de la Pairie ; elle n'en a parlé fugitivement que pour rappeler les scrupules inspirés au ministère, par la préexistence de ces engagemens.

Rien de plus affligeant pour la patrie , que cette tentative nouvelle des colléges électoraux , d'improviser les lois qui doivent la gouverner. Elle présente l'effrayant tableau de la démocratie délibérant par comices, l'action-simultanée de mandans et de mandataires, agissant tous et à la fois sur plusieurs points de localité, et dans des sens divers, pour enfanter une œuvre législative , unique , qu'il faut coordonner afin de la rendre obligatoire pour la grande famille ; elle réduit son élaboration, en commun , par la puissance législative , à ne plus être qu'un acte machinal , ou une vaine comédie.

C'est le bouleversement de tout le système représentatif.

Lorsque l'assemblée constituante fonda ce système, elle avait longuement discuté la question

2

des *mandats impératifs*, conférés aux représentans de la Nation ; elle avait décidé solennellement que le pouvoir représentatif était et devait être illimité de sa nature ; que l'exercice n'en pouvait être à l'avance restreint par aucunes conditions ; que le droit concédé par le constituant *représenté* était simplement pour le représentant celui d'entrer en délibération à sa place ; et que, pour le *représentant*, ce droit allait forcément s'absorber dans le vœu de la majorité.

Comment tout-à-coup cette doctrine fondamentale se serait-elle altérée, au point de laisser se reproduire le chaos des délibérations par tourbes, et avec lui, tous les désordres de l'anarchie ? Des engagemens contractés dans une telle direction, sont-ils raisonnablement à citer, lorsqu'ils mettent en péril l'existence même d'un grand peuple. Jamais matière dut-elle être plus indépendante de l'influence des volontés particulières et locales ? les moindres notions du droit public la repoussent : *Privatorum pactis juri publico renunciare non licet.*

Tout pacte intervenu entre les électeurs et les élus partiels, qui par anticipation asservirait ceux-ci à des votes positifs et inflexibles, est frappé d'une nullité radicale ; il n'impose à ceux qui l'ont souscrit aucune obligation ni légale, ni même morale ; réprouvé par la loi, il ne lie pas même dans

le for de la conscience : il n'est qu'une promesse
indiscrète, et rien de plus.

Autrement, quelle ne serait pas la perplexité de
représentans, d'hommes publics, de législateurs,
condamnés à repousser la vérité que les lumières de
la majorité lui auraient offerte et à lui préférer l'er-
reur la mieux avérée!!

§. V. *Sur la préexcellence du principe de l'hérédité
de la Pairie.*

Jamais, peut-être, en législation, il ne s'est agité
de question d'un ordre aussi élevé, d'un intérêt
aussi immense, qui se soit présentée dans des
termes aussi sérieux, qui ait fait naître une con-
troverse aussi vive, et qui ait subi, même à la nais-
sance de sa discussion, des chances aussi bizarres,
que cette question de *l'hérédité de la Pairie*, qui
occupe tous les esprits en France depuis plus
d'un an.

Il semblerait que le sort du pays et de toutes ses
institutions, se rattache à l'objet discuté, qui n'est
pourtant pas l'existence même de la Pairie, comme
l'un des pouvoirs de l'Etat, mais le mode seulement
sous lequel elle doit continuer d'exister.

Il faut qu'il y ait une forte divergence dans les
causes qui compliquent ce problême, qu'il y ait
bien du mal-entendu dans le débat, qu'il y ait là

quelque secret qui n'est pas donné tout d'abord, pour une solution possible.

Est-ce l'effet de préventions conçues, ou d'antipathies systématiques, ou d'irréflexions? ou n'est-ce qu'une affaire de parti ?

Quelle que soit la cause d'une telle opposition, on doit croire que, chez des Français, au 19e. siècle, après quarante ans d'agitations et de tourmens, au sein d'un malaise universel, les esprits arriveront à se calmer, les passions à s'amortir, les amours propres à céder, la malveillance même à être comprimée ; s'il vient à être démontré, que l'*hérédité* de la Pairie, (identifiée comme elle doit l'être avec les libertés publiques, est, pour le salut commun, la meilleure de toutes les garanties.

L'essentiel, pour en venir à cette démonstration, est de bien discerner d'abord ce qu'on entend et ce qu'on désire dans l'institution de la Chambre des Pairs ; de vérifier ensuite quels sont les élémens de sa composition actuelle, quels sont ceux qu'il est possible d'y agglomérer ; comment on peut et l'on doit les mettre en harmonie avec les autres parties intégrantes du Gouvernement représentatif ; et enfin, de signaler d'un côté les avantages réels attachés à la Pairie héréditaire; d'un autre côté, les inconvéniens majeurs de la Pairie purement viagère.

Assurément il serait téméraire de prétendre dire

mieux, sur les principes, dans cette dissertation, que ce qui a été exposé, soit par le Ministère, soit par la Commission. Jamais la cause de l'hérédité n'aura de plus habiles défenseurs ni qui explorent avec plus de profondeur et de sagacité, soit notre situation politique, soit les aspérités de notre droit constitutionnel. Mais, l'un et l'autre ont eu le tort de ne pas se montrer fidèles à leurs prémisses, toutes en faveur de l'hérédité, puisqu'ils ont conclu contre la maintenue de ce principe. C'est une excuse pour quiconque aspire à faire, pour le bien du pays, des efforts plus complets.

Et peut-être, après tout, est-il possible, maintenant que le terrain est déblayé, d'apercevoir plus distinctement la route à parcourir, le moyen de s'y engager, les jallons à placer, et l'issue qu'il convient de se ménager.

Avant toute autre explication, il s'en présente une préjudicielle qui n'est pas sans quelqu'importance.

La voici, comme PREMIÈRE CONSIDÉRATION.

La Charte modifiée du 9 août 1830, est une œuvre *définitive*, pour tout ce que n'atteignent pas nominativement les réserves par lesquelles elle se termine. Cette vérité est reconnue par tous, sauf par les votans des assemblées primaires.

Or, au nombre des dispositions définitives de la

Charte, est l'art. 20 déjà cité, qui constitue la Chambre des Pairs *une portion essentielle de la puissance législative*.

En dehors de cette constitution et à sa suite, par application du principe de l'hérédité, écrit en l'art. 27, aujourd'hui le 23e. soumis à un nouvel examen, la plupart des Pairs actuels ont été, en 1815, collectivement et individuellement mis en possession de ce droit d'hérédité.

Ils en ont joui pendant quinze ans expectativement.

Les enfans de plusieurs d'entr'eux *ont obtenu la jouissance* effective de ce droit ; ils ont été reçus Pairs de France.

Cela posé, qu'est-ce, à leur égard, que la mesure proposée ?

Une mesure d'*abolition* et *de déchéance* ! !

Peut-on la prononcer avec autant de facilité que s'il ne s'agissait que de créer un droit, là où il n'y en aurait pas d'établi ? Non, sans doute.

Autre chose est de *donner* un droit, autre chose est de retirer un don consommé ; au premier cas, l'on crée, on fait un acte spontané ; au deuxième cas, l'on détruit, l'on révoque.

Dans toutes les affaires de ce monde, le titre et la possession réunis sont bien quelque chose : la difficulté de les *abolir* s'accroît ici, par la circonstance que c'est une portion de la puissance constitutionnelle qui est investie et qui possède.

DEUXIÈME CONSIDÉRATION. *De ce que doit être la mission de la Pairie française.*

Il ne s'agit plus de l'intention que peut avoir eue son fondateur en l'instituant. S'il a voulu par elle consolider son trône, la Nation peut vouloir, en la maintenant, consolider ses libertés.

Il ne s'agit pas non plus de calquer la Pairie de France sur la Pairie d'Angleterre. Celle-ci ne sert les intérêts du peuple, que pour se perpétuer dans la jouissance de priviléges qui l'oppriment.

Jusqu'à présent une seule chose est écrite dans notre constitution, c'est que la Pairie est une portion essentielle de la puissance législative.

Mais en quoi et pourquoi est-elle associée à cette puissance ?

Il est bien entendu de tous, que c'est comme *pouvoir intermédiaire et modérateur,* entre la Chambre élective et le Roi. La Pairie est un contre-poids ; elle arrête l'effervescence de la Chambre élective, elle s'oppose aux anticipations du pouvoir exécutif.

Puisque telle est la mission qu'on lui assigne, il est bon qu'on le déclare législativement.

Conserver l'intégrité de la Charte, voilà le devoir de la Pairie.

L'accomplissement de ce devoir est tout entier dans l'intérêt du peuple.

Comment le remplira-t-elle ? Par le simple refus de son concours à tout acte extrà-légal ; par la déclaration qu'*elle empéche* ; c'est le *veto* remis en ses mains. La Pairie n'a pas besoin d'autre force ; cette force étant négative, il est peu à craindre qu'elle en abuse ; et il est facile, à son égard, de parer aux abus.

En attendant, et sans équivoque, l'institution de la Pairie, rendue médiatrice, sera populaire, étant protectrice des droits promulgués. Il n'y a pas, dans cet emploi, l'ombre d'un privilége, dont on puisse s'alarmer, ni être offensé. L'idée a été émise de la populariser encore davantage, en lui attribuant de grands droits de patronage, pour l'appui des faibles et des opprimés, pour la protection des arts, des découvertes et des projets utiles.

Et alors qu'il sera de son essence de servir la chose publique, elle en sera toujours le *palladium*.

TROISIÈME CONSIDÉRATION. *Des élémens de la composition actuelle et future de la Pairie.*

Le service à obtenir de ce corps consistant à empêcher le mal, une grande force morale lui est nécessaire.

Toute force morale est dans l'opinion, et l'opinion n'adopte que ce qui est honorable, généreux, ce qui porte un caractère noble, de grandeur d'âme, de pureté, d'indépendance, d'illustration, de richesse légitimement acquise, de gloire et de vertus.

Justice doit être rendue à qui la mérite. Ce fut une idée heureuse que conçut Louis XVIII, lorsqu'il imagina de substituer la Pairie au Sénat, et de la composer des personnages alors les plus récommandables dans la société.

« Nous avons cherché, dit-il, les principes de la
» Charte constitutionnelle *dans le caractère français*, et dans les monumens vénérables des siè-
» cles passés. Ainsi nous avons vu dans le renou-
» vellement de la Pairie, une institution *vraiment
» nationale*, et qui doit lier tous les souvenirs à
» toutes les espérances, en réunissant les temps
» anciens et les temps modernes. »

Ce fut un judicieux développement de cette pensée, que la réunion faite par Louis XVIII, dans la Chambre des Pairs, des noms des Montmorency et des Crillon, aux noms des Masséna et des Montebello; des Molé, des la Rochefoucault, des Séguier, aux Lanjuinais, aux Lainé, aux Boissy d'Anglas, et de tant d'autres personnages, dont les auteurs avaient servi et honoré la France, à ceux qui la servaient et qui l'honoraient encore.

Dans cette agglomération seule est déjà la force

morale dont la Chambre des Pairs a besoin : il est facile d'y ajouter par de nouvelles promotions.

Rien de plus convenable que le mode proposé par la Commission, de prendre les nouveaux Pairs à nommer dans les catégories qu'elle énumère.

Lorsqu'il fut question de ces promotions en masse, que l'on appela les *fournées de Pairs*, quelqu'un exprima le regret de ce qu'on n'eût pas choisi, pour candidats, *les* 83 *plus forts propriétaires* de France, un par département, en observant de donner la préférence à ceux qui, dans leurs cantons, étaient considérés comme des patriarches.

Dans ces compositions, il n'entrera aucun germe *d'aristocratie*, dans le sens impopulaire attaché à ce mot ; pas le moindre vestige de ces suprématies impérieuses, de ces priviléges qui dominent par le commandement ; rien de contraire à *l'égalité des droits* car l'article 1ᵉʳ. de la Charte, en fondant, cette égalité, admet *les titres et les rangs*, comme distinctions. Tous les Pairs demeurant soumis, comme les autres citoyens, *aux charges et aux devoirs de la société*, toute leur force sera dans l'opinion, qui allie le mérite avec la dignité ; elle sera purement morale.

On ne saurait nier que cette force-là ne soit suffisante : elle aurait au besoin, pour auxiliaires, celui des deux pouvoirs dont les prérogatives seraient à défendre, et ces innombrables bataillons de Garde Nationale, spécialement armés contre les ennemis de la Constitution.

On a dit ailleurs, et on l'annote ici, que la Pairie de France, n'empruntant rien des faveurs de la Cour, investie de la haute mission de s'opposer à tous les abus, devait être, par la fortune de chacun de ses membres, en possession de la plus invariable indépendance ; on a voté la conservation des majorats de famille et celle du majorat national.

On a fait remarquer, sur les majorats de famille, que leur érection était une exception commandée par l'intérêt public, comme condition d'existence du pouvoir *institué ;* que ce qu'elle causait de préjudice aux puînés était largement compensé par la part que la famille recevait de la dignité ; et qu'après tout, cette exception au droit commun, ne serait le plus souvent que l'anticipation de l'avantage que la loi permet, même en ligne directe, sous le titre de *portion disponible.*

Quant au majorat national, les fonds en sont faits par ce qui a été réservé de l'ancienne dotation du Sénat : et ce n'est pas ce qui en serait affecté au mérite sans fortune, élevé à la Pairie, que les ennemis du monopole et des sinécures entendent refuser.

QUATRIÈME CONSIDÉRATION. « *De la nécessité de*
» *mettre la Pairie en harmonie avec les autres*
» *institutions.* »

La France est *monarchique ;* son Gouvernement
est *représentatif.* La royauté est *héréditaire ;* est
aussi *héréditaire,* avec ses rangs et ses honneurs ,
la noblesse tant ancienne que nouvelle, et celle
future qu'il plaira au Roi de créer. Il n'y a pas à se
séparer de ces institutions; elles sont constitu-
tio nelles.

Du côté du Monarque, est la puissance exécutive,
à la fois légale et matérielle.

Du côté de la noblesse , est une force d'opinion ,
qui a survécu depuis 40 ans , à l'anéantissement de
la puissance féodale , aux désastres de l'émigration,
que ni le progrès des lumières , ni l'extension des
idées libérales n'ont pu abattre , ni déraciner.

Son empire, quoi qu'on en dise, est dans le
caractère français , dans les souvenirs de son histoire, de l'ancienne chevalerie ; de son héroïsme et
même de ses tournois , de son élégance, de son
urbanité, etc. , etc.

Cette noblesse réhabilitée , et dont le prestige se
soutient, est désormais toute inoffensive. Déchue
de tout pouvoir féodal, de tout privilége civil, soumise aux mêmes charges que les autres citoyens,
elle n'a de plus qu'eux que ce patrimoine d'hon-

neur que lui transmirent ses ayeux, patrimoine qui est, et qui sera toujours légitime, et dont elle conserve les *titres*, parce qu'elle a l'*hérédité*.

L'hérédité, c'est le talisman des générations; c'est le plus puissant ressort de l'ordre social, parce qu'elle perpétue dans les familles, l'amour du bien et de l'estime publique.

Buonaparte et Louis XVIII en avaient bien jugé.

Actuellement que le trône est, par l'autorité de la loi, rendu si puissant; actuellement qu'il peut apeler la noblesse et la fixer autour de lui; qu'il lui est loisible de multiplier les nobles à sa volonté, n'est-il pas sage, n'est-il pas indispensable d'élever, à côté de ces supériorités sociales, dans la Pairie, un ordre de *dignitaires* qui ait la même stabilité, la même perpétuité?

Encore une fois, c'est une force morale et d'opinion qui est à trouver. Et où la rencontrer désormais, si ce n'est dans l'éclat de la dignité et dans l'hérédité qui la consolide?

La Commission nous l'a dit, l'*hérédité* est dans la nature, c'est l'esprit de famille.

Peut-être n'a-t-elle pas assez dit ce que nous répéterons sans cesse, qu'il faut partir du point où nous sommes. N'admettons rien qui puisse l'emporter, par les prérogatives, sur la puissance modératrice que nous appelons à notre secours. Et puisque l'hérédité est dans les rangs dont elle doit modérer l'action, donnons-lui l'hérédité à elle-même. Ceci n'est pas d'une logique moins absolue.

CINQUIÈME CONSIDÉRATION. « *Des avantages de la* » *Pairie héréditaire, et des inconvéniens de la* » *Pairie viagère.* »

Des volumes pourraient être consacrés à mettre en évidence l'une et l'autre proposition. Laissons le champ libre aux publicistes et aux économistes; indiquons seulement, en traits sommaires, ce qui, dans l'un ou dans l'autre sens, nous paraît capital.

Avec l'hérédité, nous admettons, que la Pairie formera un corps à part, une haute magistrature, tout-à-fait séparée de la Cour, par ses intérêts comme par son esprit; qu'elle sera *incompatible* avec tous emplois, avec toutes fonctions émanant de la Couronne; si ce n'est de convention expresse avec la Chambre élective. Nous admettons, pour les choix à venir de ses membres, les catégories de la Commission, celles surtout des talens et de la capacité.

Nous admettons encore que, pour corriger les torts accidentels de la transmission de dignités héréditaires, la Chambre des Pairs serait armée du pouvoir de suspendre et même d'exclure ceux des successeurs qu'elle jugerait indignes ou incapables.

Organisée sur ces bases, l'hérédité fait de la

Pairie un aréopage auguste, une espèce de sanctuaire vers lequel se dirigent toutes les ambitions légitimes : la voûte et le fronton de l'édifice social. La plus ardente émulation en parcourt à l'avance et dans la pensée toutes les avenues ; des positions honorables en marquent les distances ; l'utile et laborieuse industrie s'y achemine avec ses trésors et ses succès. Le vulgaire admire et respecte ce collège de demi-Dieux.

Rien, sur cette route des distinctions graduées et multipliées, dont le philosophe puisse s'affliger, que le publiciste puisse réprouver. Elle est ouverte à toutes les capacités.

La société ainsi échelonnée reçoit de ses sommités, de ces nombreuses notabilités, avec des exemples à imiter, d'abondans secours dont une grande représentation est toujours la source ; toutes les institutions secondaires dont l'érection simultanée a déjà été indiquée (des Banques départementales de l'assurance des baux, des grands travaux publics, des colonisations) ont un aliment ; l'activité est rendue aux fabriques même de luxe, la confiance renaît ; un avenir, de plus en plus prospère, se découvre et sourit à la multitude.

En résultat, l'hérédité tourne au profit de la classe ouvrière.

Tout différemment, la Pairie rendue purement viagère, arrête le mouvement progressif : elle dispose à la parcimonie les Pairs chefs de famille, menacés de voir s'éteindre en eux la dignité qui faisait leur patrimoine, et leurs enfans rentrer dans une désespérante obscurité; plus d'attrait pour les alliances de la richesse avec l'illustration ; la marche de la société est inverse, elle décroît au lieu de croître, elle recule au lieu d'avancer. Et ce dont la liberté ne doit pas courir le risque dans un Gouvernement semi-aristocratique, semi-démocratique, la Pairie exclusivement *viagère*, mobile et sans racines, laisse au trône et à la noblesse *héréditaires* la possibilité de tout entreprendre contre la Constitution de l'Etat.

Sans pousser plus loin le parallèle, c'est des régions les plus élevées que descendent ces flots de lumière qui animent, qui éclairent, qui vivifient le Globe; tandis que de ces immenses plaines où tant de substances diverses fermentent confondues, il n'émane que des vapeurs insalubres, qui se perdent en fumée dans l'espace.

L'*hérédité*, dans l'ordre politique, est à la dignité ce que dans l'ordre de la nature, la végétation est à la reproduction : c'est le foyer qui épure, qui consolide, fait briller et conserve d'âge en âge l'œuvre de la création de l'homme.

L'institution à vie, sortant des intrigues de cour ou de la convulsive élection, n'est qu'un titre terne, précaire, impuissant, qui n'a pour présent que le niveau, et pour avenir que le néant.

INDICATION DES MATIERES.

Imprimerie PORTHMANN, rue Sainte-Anne, n. 43.

www.ingramcontent.com/pod-product-compliance
Ingram Content Group UK Ltd.
Pitfield, Milton Keynes, MK11 3LW, UK
UKHW021147140726
13695UKWH00005B/1991